Jan Kobler · Wolfram Zimmer

SPIEL & SPASS MIT PAPIERMASKEN

MIT VORLAGEN IN ORIGINALGRÖSSE

Brunnen-Reihe

Christophorus-Verlag Freiburg

Verwandlungsspiele mit Papiermasken

Feste in der Faschingszeit sind ohne Masken kaum vorstellbar. Aber auch bei Geburtstagsfeiern, Partys, Familien-, Schul- und Kindergartenfesten sind Verwandlungsspiele sehr beliebt. Mit pfiffigen Masken können Kinder die verschiedensten Rollen spielen: als Blumenfee mit dem Wettergeist sprechen, als süße Maus mit dem frechen Krokodil Freundschaft schließen, als kleiner Igel mit dem schnellen Hasen eine lustige Zeit erleben.

Unsere Vorschläge helfen, solche Spielideen schnell und leicht zu verwirklichen – einfach aus farbigem Papier.

Alle Masken sind für Sie und Ihre Kinder in Originalgröße auf dem beigehefteten Vorlagenbogen abgebildet und können problemlos nachgearbeitet werden. Wenn Sie auch eigene Ideen und Vorstellungen verwirklichen wollen: durch eine andere Farbwahl oder leichtes Verändern von Einschnitten, Maßen und Schablonenformen läßt sich eine vielfältige Maskenparade zaubern: flotte Entenpaare, starke Löwenrudel, große Bärenfamilien, lustige Vogelparadiese – eine ganze Arche Noah.

Viel Spaß beim Basteln und bei den Verwandlungsspielen.

Ihre

Jan Tobler

Wolfram Zimmer

Inhalt

Material und Hilfsmittel

- Verschiedenfarbige Tonpapiere 130g/qm für Maskenteile
- Zeichenkarton für Schablonen
- transparentes Zeichenpapier zum Übertragen der Formen vom Vorlagenbogen
- Graupappe als Schneide- und Klebeunterlage
- Bleistifte (4B, HB)
- große Papierschere zum Schneiden von Außenformen
- kleine spitze Schere oder Papierschneidemesser zum Schneiden von Innenformen
- Papierklebstoff oder Klebestift zur Montage der Maskenteile
- Büroklammern zur zusätzlichen Sicherung von Klebestellen

Allgemeine Arbeitshinweise

Vorlagenbogen
Auf dem Vorlagenbogen sind alle Maskenteile in Originalgröße abgebildet. Die zu einer Maske gehörenden Teile sind mit gleichen Buchstaben und fortlaufenden Nummern gekennzeichnet. Zur leichteren Orientierung sind die Maskenteile auch bei der jeweiligen Arbeitsanleitung verkleinert wiedergegeben.

Übertragen der Vorlagen
Transparentes Zeichenpapier auf den Vorlagenbogen legen. Formen der Maskenteile mit weichem Bleistift nachzeichnen, Umriß-, Schnitt- und Faltlinien beachten. Transparentes Zeichenpapier mit der Zeichnung nach unten auf Tonpapier legen und Formen mit Bleistift HB durchpausen. Für mehrere gleiche Formen eignen sich Schablonen aus Zeichenkarton.

Herstellen der Maskenteile
Außenformen mit einer größeren Schere, Innenformen mit kleiner spitzer Schere oder mit Papierschneidemesser ausschneiden. Knicklinien vor dem Knicken mit einem Scherenrücken eindrücken.

Zusammenkleben der Maskenteile
Schnelltrocknende Papierklebstoffe verwenden. Rundungen und längere Klebestellen abschnittweise ankleben. Klebestellen eventuell mit Büroklammern sichern.

Gemeinsame Ausgangsform aller Masken

Alle Masken dieses Heftes gehen von einer gleichen Grundform aus: ein zum Teil abgerundetes Rechteck mit Augenöffnungen und Naseneinschnitt wird an einem Stirnbandstreifen befestigt. Diese beiden, für alle Masken (A bis O) grundlegenden Teile sind auf dem Vorlagenbogen nur einmal abgebildet und als „A 1 bis O 1" bzw. „A 2 bis O 2" bezeichnet.

Herstellen der Grundform

1. Beide Teile der Grundform (A 1 bis O 1, A 2 bis O 2) vom Vorlagenbogen auf Tonpapier übertragen und ausschneiden. Augenabstand – wenn nötig – anpassen.

2. Genügend langen Tonpapierstreifen dem Kopfumfang des Kindes anpassen und als Stirnband zusammenkleben.

3. Stirnbandstreifen knicken und flach auf die Arbeitsunterlage legen.

4. Den oberen Rand der Rechteckform auf das Stirnband kleben und beide Ecken links und rechts des Naseneinschnittes leicht anheben.

Auf diese flache Grundform lassen sich alle weiteren Maskenteile wie Schnäbel, Schnauzen, Augen usw. leicht kleben.

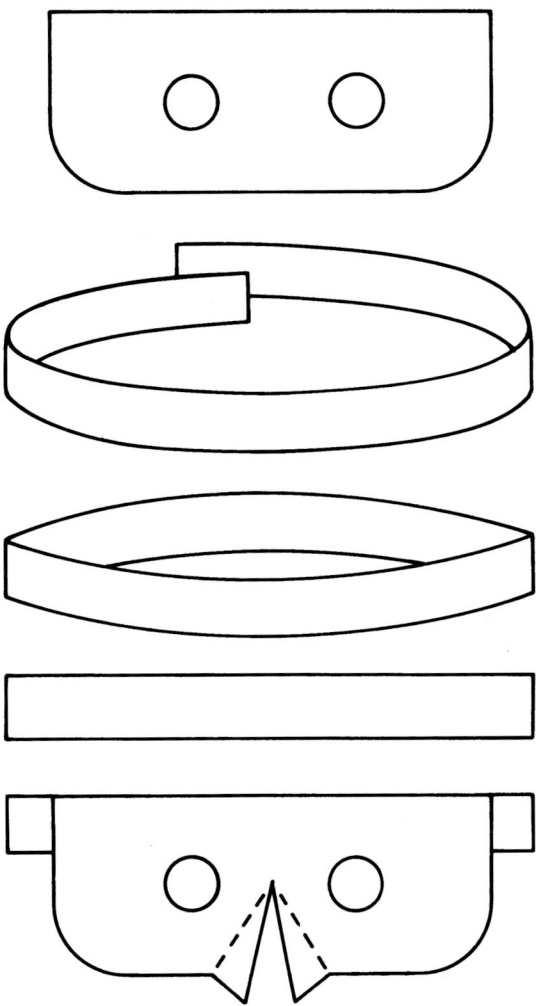

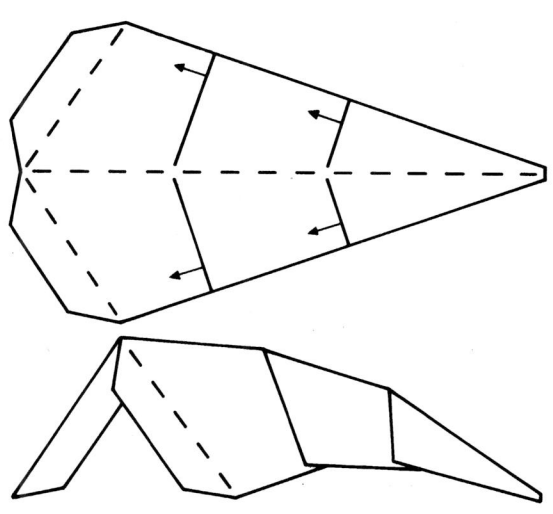

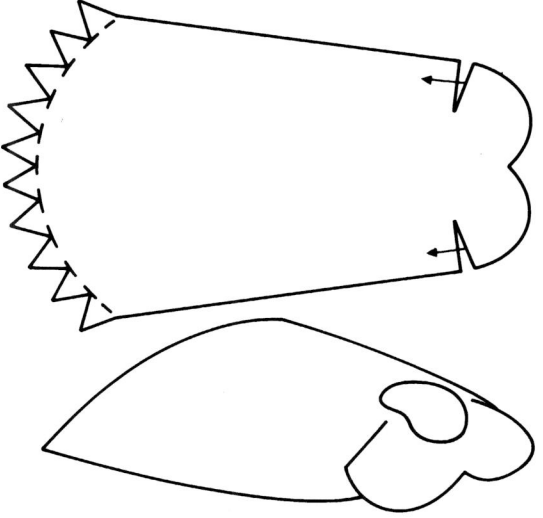

Herstellen plastischer Augenklappen

Herstellen von Schnabel und Schnauze

Ankleben der Schnauze

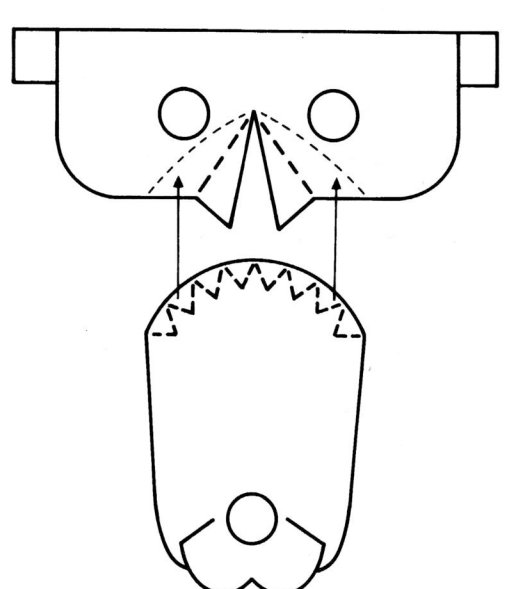

5

Wettergeister

Papiermaterial
Tonpapiere: hellgrau, dunkelgrau, blau, weiß, gelb

1. Grundform A 1 mit A 2 aus grauem bzw. blauem Tonpapier anfertigen.

2. Maskenformen A 3 bis A 10 vom Vorlagenbogen auf farbige Tonpapiere übertragen und ausschneiden.

3. Maskenteile in der Reihenfolge der Numerierung auf die Grundform A 1 kleben, dabei das Einfügen von Blitz A 7 oder Sonne A 8, A 9 berücksichtigen.

Allgemeine Arbeitshinweise auf den Seiten 3 bis 5 beachten.

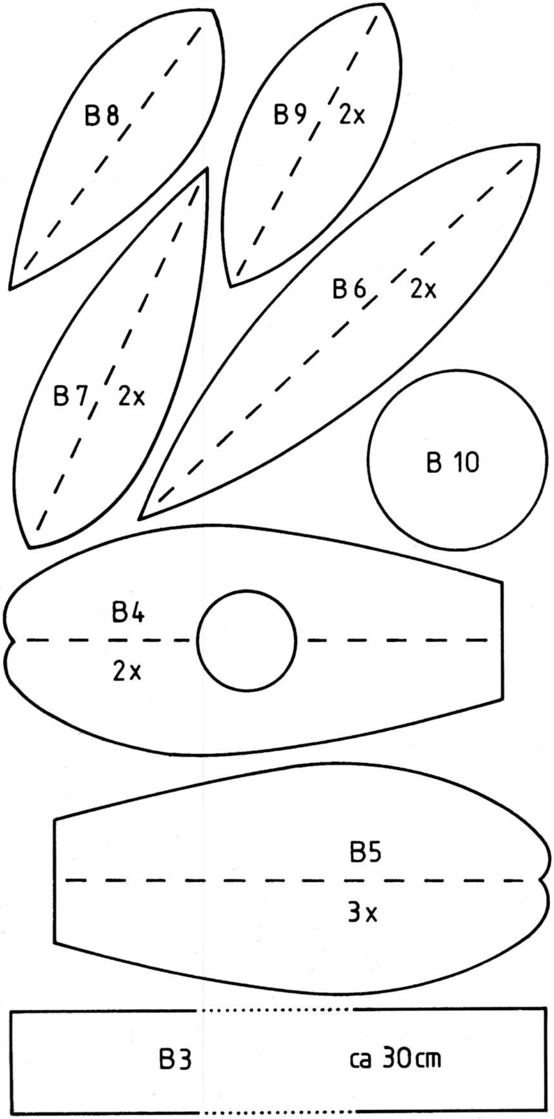

Blumenfeen

B 8

B 9 2x

B 6 2x

B 7 2x

B 10

B 4
2 x

B 5
3 x

B 3   ca 30 cm

Papiermaterial
Tonpapiere: dunkelgrün, hellgrün, weiß, orange, rot

1. Grundform B 1 mit B 2 aus dunkelgrünem Tonpapier anfertigen.

2. Maskenformen B 3 bis B 10 vom Vorlagenbogen auf farbige Tonpapiere übertragen und ausschneiden.

3. Alle Blüten- und Blattformen in der Mitte der Länge nach knicken.

4. Zunächst den Streifen B 3 am Stirnband vorn und hinten festkleben. Anschließend die Maskenteile B 4 bis B 9 in der Reihenfolge der Numerierung auf die Grundform B 1 kleben.

Allgemeine Arbeitshinweise auf den Seiten 3 bis 5 beachten.

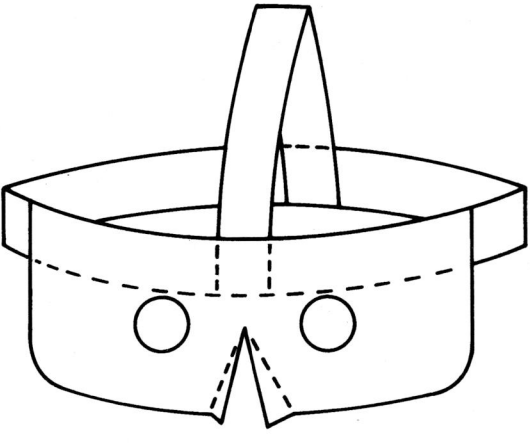

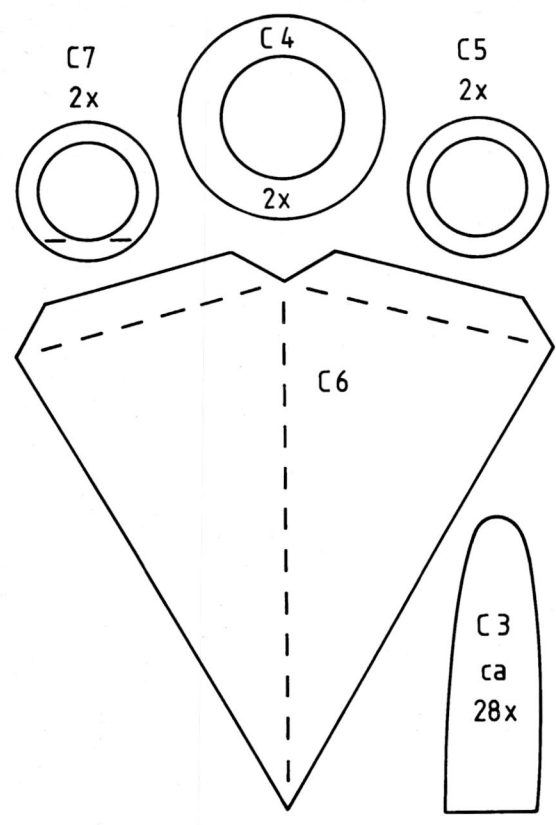

Schlauer Rabe

Papiermaterial
Tonpapiere: schwarz, grau, gelb, rot

1. Grundform C 1 mit C 2 aus schwarzem Tonpapier anfertigen.

2. Maskenformen C 3 bis C 7 vom Vorlagenbogen auf farbige Tonpapiere übertragen und ausschneiden.

3. Federn C 3 leicht biegen: entweder mit den Fingern rundstreichen oder vorsichtig über eine Scherenkante ziehen. Schnabelform C 6 der Länge nach falten. Klebelaschen der Schnabelform C 6 und der Brillenringe C 7 knicken.

4. Die Maskenteile in der Reihenfolge der Numerierung auf die Grundform C 1 kleben. Beim Aufkleben der Federn C 3 innen beginnen und Überdeckungen beachten. Schnabelform C 6 abschnittweise aufkleben. Brillenringe C 7 zuletzt ankleben.

Allgemeine Arbeitshinweise auf den Seiten 3 bis 5 beachten.

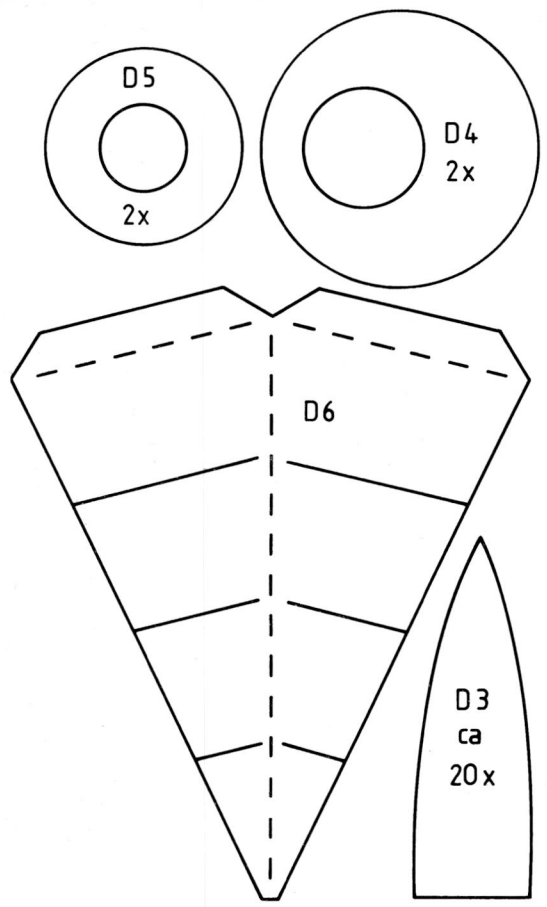

Bunter Papagei

Papiermaterial
Tonpapiere: hellgrün, dunkelgrün, gelb, orange, rot, dunkelrot, blau, weiß

1. Grundform D 1 mit D 2 aus hellgrünem Tonpapier anfertigen.

2. Maskenformen D 3 bis D 6 vom Vorlagenbogen auf Tonpapiere übertragen und ausschneiden.

3. Federn leicht biegen: entweder mit den Fingern rundstreichen oder vorsichtig über eine Scherenkante ziehen. Schnabelform D 6 der Länge nach falten, Klebelaschen knicken. Die von beiden Seiten angeschnittene Schnabelform biegen und die überlappenden Teile festkleben.

4. Maskenteile in der Reihenfolge der Numerierung auf die Grundform D 1 kleben. Beim Aufkleben der Federn D 3 innen beginnen und Überdeckungen beachten. Schnabelform D 6 abschnittweise aufkleben.

Allgemeine Arbeitshinweise auf den Seiten 3 bis 5 beachten.

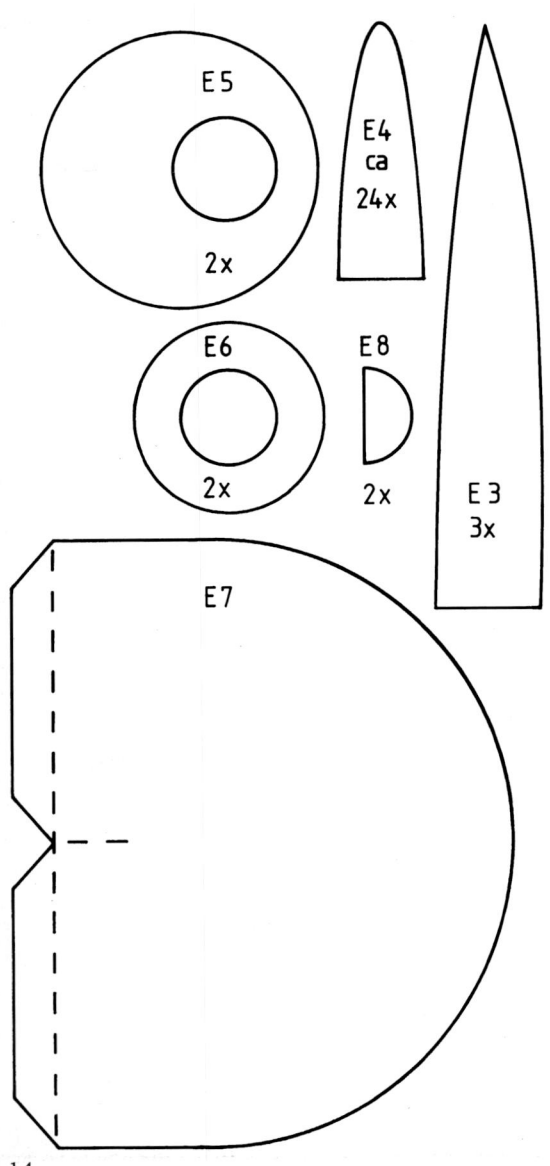

Flotte Enten

Papiermaterial
Tonpapiere: weiß, dunkelblau, hellblau, orange, gelb, dunkelgrün, hellgrün, braun

1. Grundform E 1 mit E 2 aus weißem bzw. dunkelblauem Tonpapier anfertigen.

2. Maskenformen E 3 bis E 8 vom Vorlagenbogen auf farbige Tonpapiere übertragen und ausschneiden.

3. Federn E 3 und E 4 leicht biegen: entweder mit den Fingern rundstreichen oder vorsichtig über eine Scherenkante ziehen. Schnabelform E 7 den Knicklinien entsprechend falten.

4. Maskenteile in der Reihenfolge der Numerierung auf die Grundform E 1 kleben. Beim Aufkleben der Federn E 3 und E 4 innen beginnen und Überdeckungen beachten. Schnabelform E 7 abschnittweise aufkleben.

Allgemeine Arbeitshinweise auf den Seiten 3 bis 5 beachten.

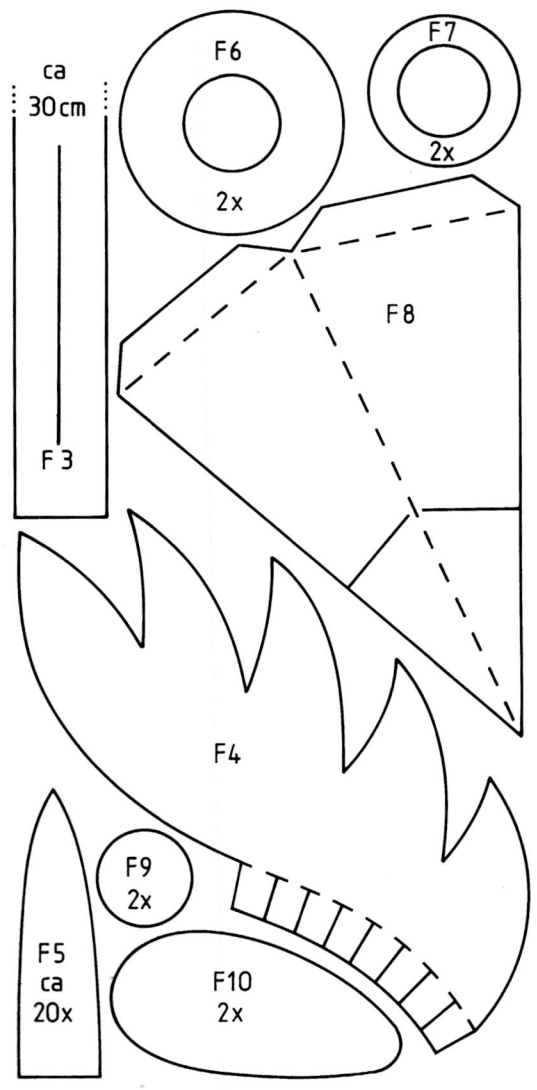

Stolzer Hahn

Papiermaterial
Tonpapiere: hellgrau, dunkelgrau, weiß, schwarz, gelb, orange, rot, braun

1. Grundform F 1 mit F 2 aus hellgrauem Tonpapier anfertigen.

2. Maskenformen F 3 bis F 10 vom Vorlagenbogen auf farbige Tonpapiere übertragen und ausschneiden. Einschnitt bei F 3 beachten.

3. Federn F 5 leicht biegen: entweder mit den Fingern rundstreichen oder vorsichtig über eine Scherenkante ziehen. Schnabelform F 8 der Länge nach falten. Alle Klebelaschen knicken, beim Kamm wechselseitig. Die von beiden Seiten angeschnittene Schnabelform biegen und die überlappenden Teile festkleben.

4. Maskenteile in der Reihenfolge der Numerierung auf die Grundform F 1 kleben. Zunächst den Streifen F 3 am Stirnband F 2 vorn und hinten festkleben (siehe Zeichnung auf Seite 8). Die Klebelaschen des Kammes F 4 durch den Einschnitt des Streifens schieben und auf der Unterseite wechselseitig ankleben.
Beim Aufkleben der Federn F 5 innen beginnen und Überdeckungen beachten. Schnabelform F 8 abschnittsweise aufkleben.

Allgemeine Arbeitshinweise auf den Seiten 3 bis 5 beachten.

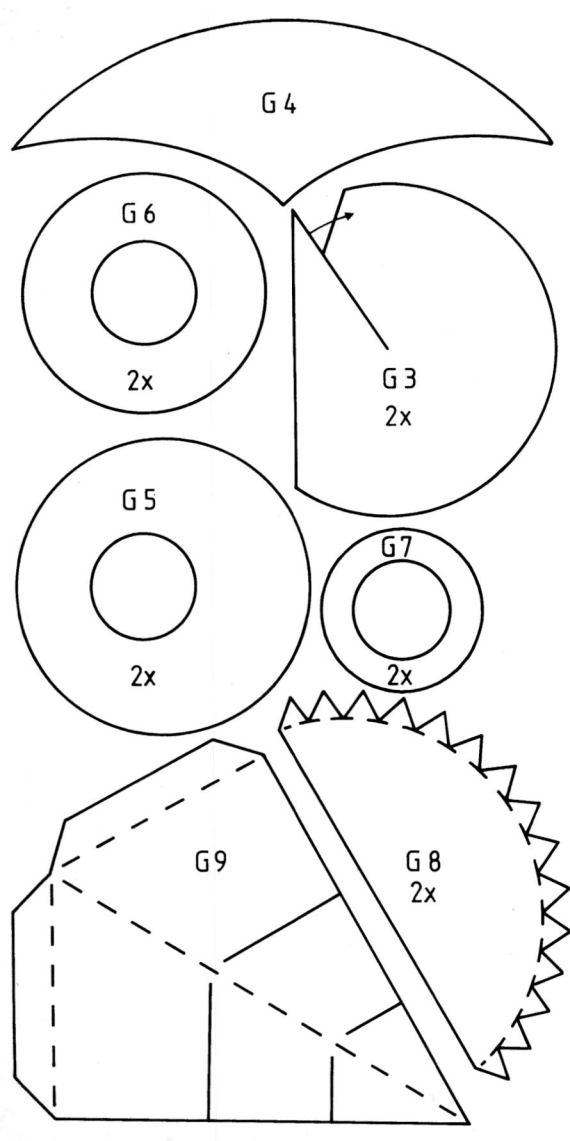

Weise Eule

Papiermaterial
Tonpapiere: hellbraun, mittelbraun, dunkelbraun, gelb, rot, schwarz, weiß

1. Grundform G 1 aus hellbraunem Tonpapier anfertigen.
Den Stirnbandstreifen G 2 hier zunächst nur anfertigen und erst nach der Montage aller übrigen Maskenteile ankleben.

2. Maskenformen G 3 bis G 9 vom Vorlagenbogen auf farbige Tonpapiere übertragen und ausschneiden.

3. Schnabel G 9 der Länge nach falten. Alle Klebelaschen knicken. Ohren G 3 – einmal seitenrichtig, einmal spiegelbildlich – sowie den Schnabel G 9 biegen und die jeweils überlappenden Teile festkleben. Augenringe G 7 und G 6 auf G 5 kleben. Anschließend die Klebelaschen der Augenklappe G 8 auf der Rückseite von G 5 festkleben.

4. Maskenteile in dieser Reihenfolge auf die Grundform G 1 kleben: Ohren G 3 hinter die Ecken der Grundform; Stirnteil G 4 zum Teil auf die Grundform und zum Teil hinter die Ohren; die vorgefertigten Augenteile G 5 bis G 8, Schnabel G 9 abschnittweise, zuletzt den Stirnbandstreifen G 2 von hinten.

Allgemeine Arbeitshinweise auf den Seiten 3 bis 5 beachten.

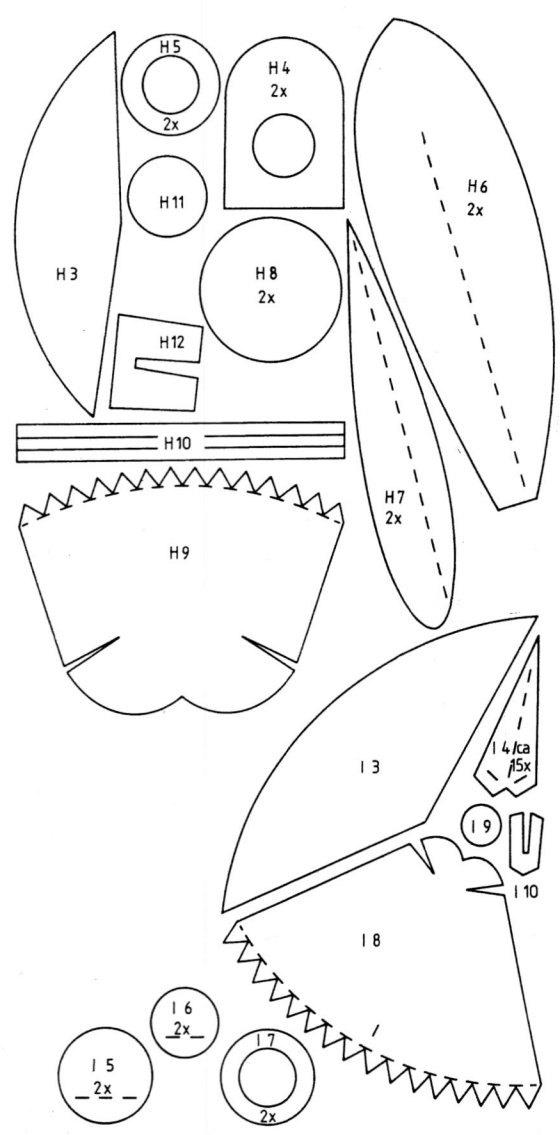

Schneller Hase und kleiner Igel

Papiermaterial
Tonpapiere *(Hase H)*: ocker, hellbraun, mittelbraun, dunkelbraun, weiß, grau, hellblau
Tonpapiere *(Igel I)*: mittelbraun, dunkelbraun, weiß, grau, orange

1. Grundform H 1 mit H 2 bzw. I 1 mit I 2 aus mittelbraunem Tonpapier anfertigen.

2. Maskenformen H 3 bis H 12 bzw. I 3 bis I 10 vom Vorlagenbogen auf farbige Tonpapiere übertragen und ausschneiden.

3. *Hase und Igel:* Alle Klebelaschen knicken. Ohren H 7 auf H 6 kleben und in der Mitte der Länge nach knicken. Stacheln I 4 der Länge nach knicken. Die von beiden Seiten angeschnittenen Schnauzenformen H 9 bzw. I 8 biegen und die sich überlappenden Teile festkleben.

4. Maskenteile jeweils in der Reihenfolge der Numerierung auf die Grundformen H 1 bzw. I 1 kleben. Schnauzenformen H 9 bzw. I 8 leicht biegen und abschnittweise aufkleben. Zähne H 12 bzw. I 10 von innen ankleben. Stacheln I 4 auf die Stirn I 3 kleben.

Allgemeine Arbeitshinweise auf den Seiten 3 bis 5 beachten.

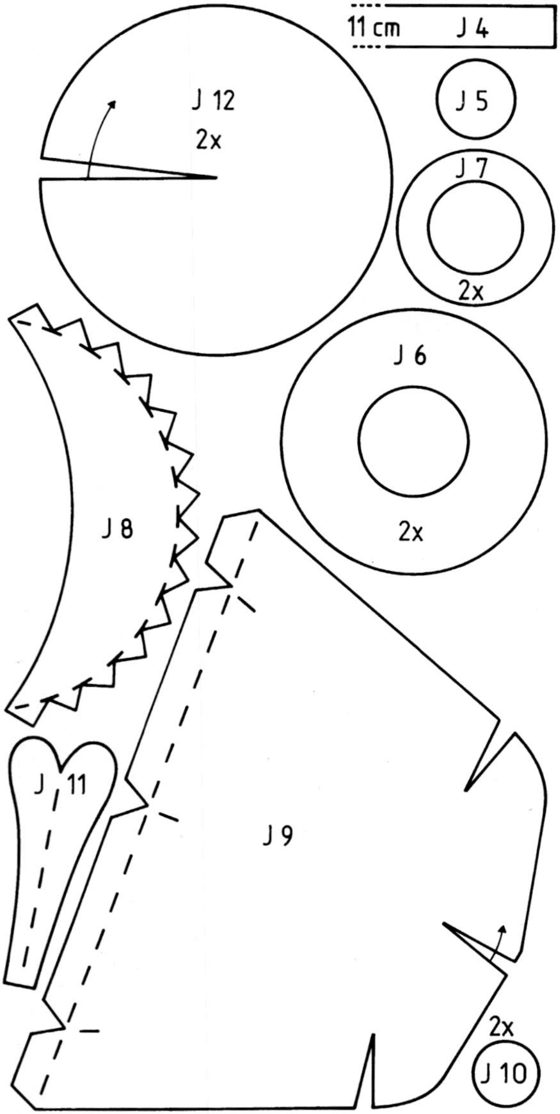

J 4   11 cm

J 12
2x

J 5

J 7
2x

J 6
2x

J 8

J 11

J 9

2x
J 10

Froschkönig

Papiermaterial

Tonpapiere: hellgrün, dunkelgrün, gelb, blau, weiß, orange

1. Grundform J 1 mit J 2 aus hellgrünem Tonpapier anfertigen.

2. Maskenformen J 3 bis J 12 vom Vorlagenbogen auf farbige Tonpapiere übertragen und ausschneiden.

3. Alle Klebelaschen knicken. Streifen J 4 und Kreis J 5 auf die Krone J 3 kleben. Augenringe J 7 auf J 6 kleben. Anschließend die Klebelaschen der Augenklappe J 8 auf der Rückseite von J 6 ankleben. Maulform J 9 und Backenblasen J 12 biegen und die sich überlappenden Teile festkleben.

4. Maskenteile in dieser Reihenfolge auf die Grundform J 1 kleben: Krone J 3 bis J 5 von hinten, Augen J 6 bis J 8; Maulform J 9 abschnittweise, Nasenloch J 10, Zunge J 11 von innen; Backenblasen J 12.

Allgemeine Arbeitshinweise auf den Seiten 3 bis 5 beachten.

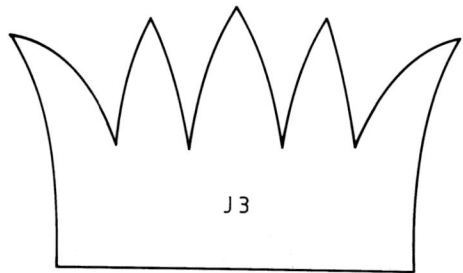

J 3

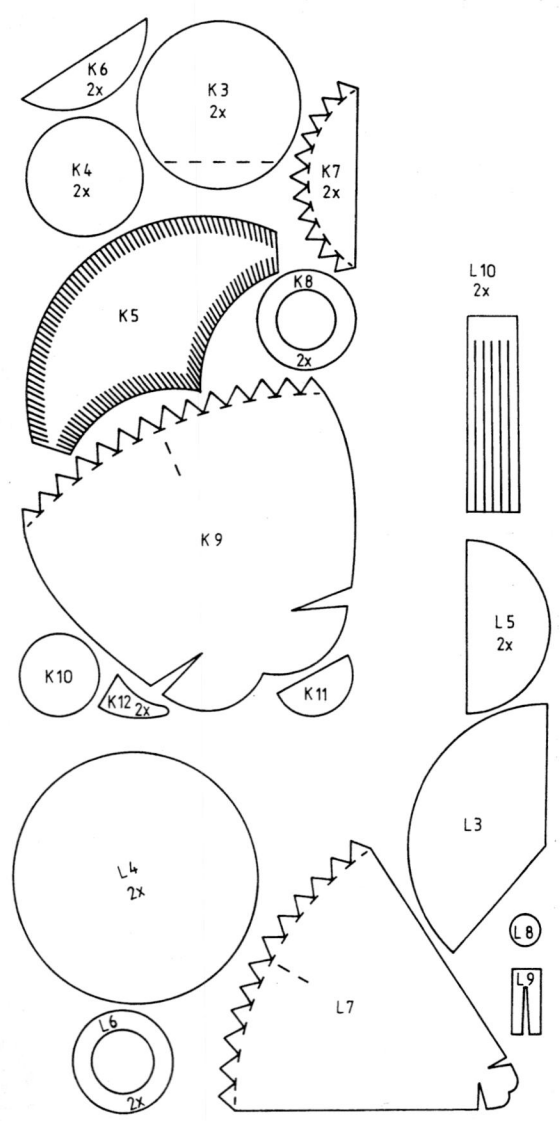

Großer Bär und süße Maus
(Abb. 2. Umschlagseite)

Papiermaterial
Tonpapiere *(Bär K):* dunkelbraun, hellbraun, schwarz, weiß, orange
Tonpapiere *(Maus L):* dunkelgrau, hellgrau, schwarz, weiß, rot

1. Grundform K 1 mit K 2 bzw. L 1 mit L 2 aus dunkelbraunem bzw. dunkelgrauem Tonpapier anfertigen.

2. Maskenformen K 3 bis K 12 bzw. L 3 bis L 10 vom Vorlagenbogen auf farbige Tonpapiere übertragen und ausschneiden.

3. *Bär und Maus:* Alle Klebelaschen knicken. Schnauzenformen K 9 bzw. L 7 vorne biegen und die sich überlappenden Teile festkleben.
Bär: Ränder der Stirn K 5 leicht biegen. Klebelaschen der Augenbrauen K 7 auf die Rückseite von K 6 kleben.
Bär und Maus: Ohrformen K 4 auf K 3 bzw. L 5 auf L 4 kleben.

4. *Bär und Maus:* Maskenteile jeweils in der Reihenfolge der Numerierung auf die Grundformen K 1 bzw. L 1 kleben: Schnauzenformen K 9 bzw. L 7 biegen und abschnittweise aufkleben, Schnauzenteil K 11, Zähne K 12 bzw. L 9 und Bart L 10 jeweils von innen.

Allgemeine Arbeitshinweise auf den Seiten 3 bis 5 beachten.

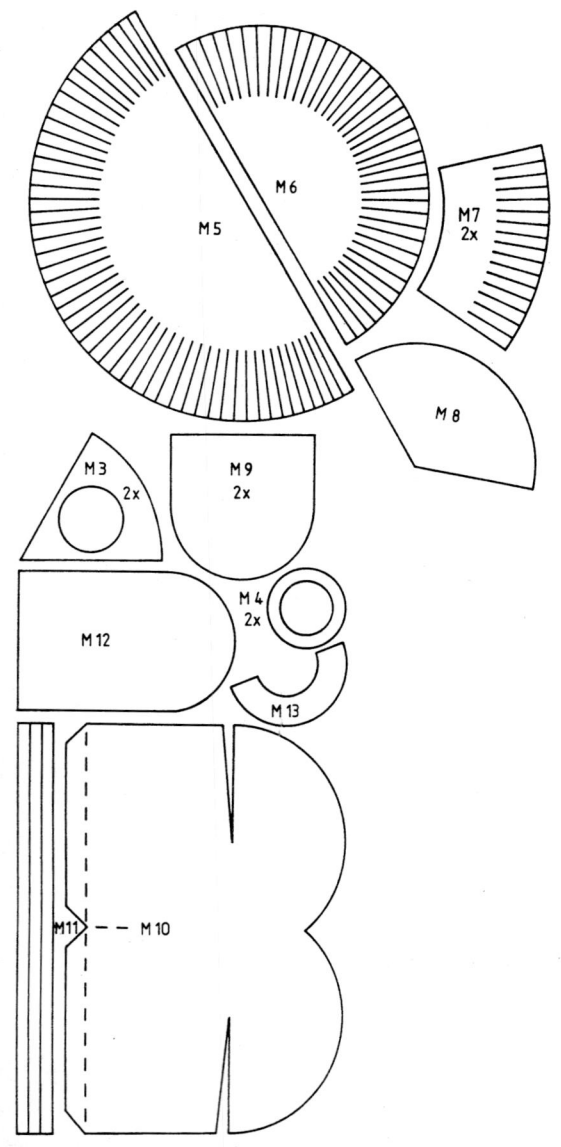

Starker Löwe

Papiermaterial
Tonpapiere: ocker, braun, orange, weiß, blau, rot

1. Grundform M 1 mit M 2 aus ockerfarbenem Tonpapier anfertigen.

2. Maskenformen M 3 bis M 13 vom Vorlagenbogen auf farbige Tonpapiere übertragen und ausschneiden.

3. Alle Klebelaschen knicken. Schnauzenform M 10 hinten anknicken, vorne biegen und die sich überlappenden Teile festkleben. Alle Haarteile M 5, M 6, M 7, M 11 und Ohren M 9 leicht biegen: entweder mit den Fingern rundstreichen oder vorsichtig über eine Scherenkante ziehen.

4. Maskenteile in der Reihenfolge der Numerierung auf die Grundform M 1 kleben: Schnauzenform M 10 abschnittweise, Backenbart M 7 von hinten, Schnauzenteil M 13 von innen.

Allgemeine Arbeitshinweise auf den Seiten 3 bis 5 beachten.

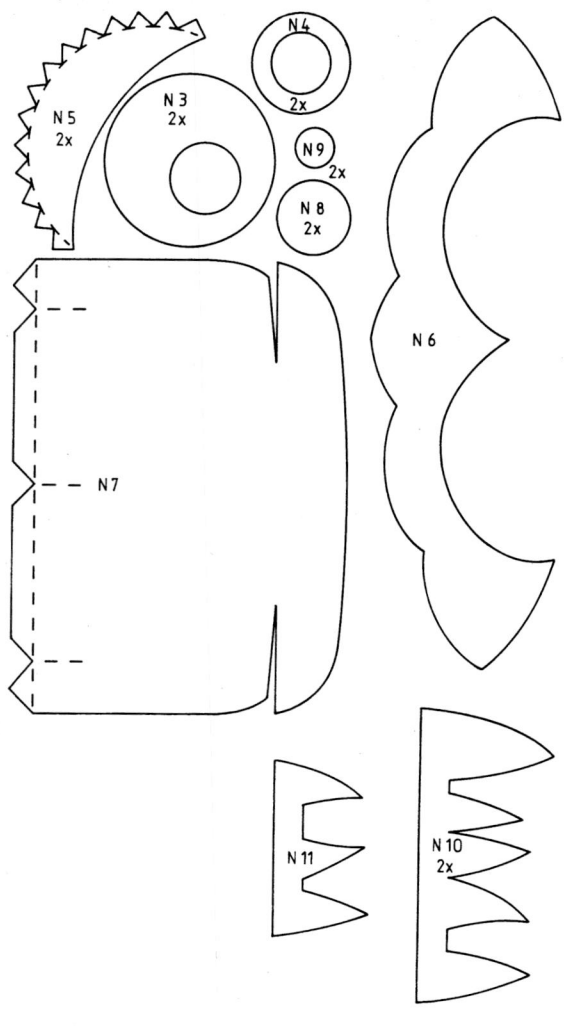

Freches Krokodil

Papiermaterial
Tonpapiere: dunkelgrün, hellgrün, blau, braun,
weiß

1. Grundform N 1 mit N 2 aus dunkelgrünem
Tonpapier anfertigen.

2. Maskenformen N 3 bis N 11 vom Vorlagenbogen auf farbige Tonpapiere übertragen und ausschneiden.

3. Alle Klebelaschen knicken. Augenringe N 4 auf
N 3 kleben. Anschließend die Klebelaschen der
Augenklappen N 5 auf der Rückseite von N 3 festkleben. Maulform N 7 hinten anknicken, vorne
biegen und die sich überlappenden Teile festkleben.

4. Maskenteile in dieser Reihenfolge auf die
Grundform N 1 kleben: Augenformen N 3 bis N
5, Stirn N 6, Maulform N 7 abschnittweise, Maul-
teile N 8 bis N 11, Zahnreihen von innen.

*Allgemeine Arbeitshinweise auf den Seiten 3 bis
5 beachten.*

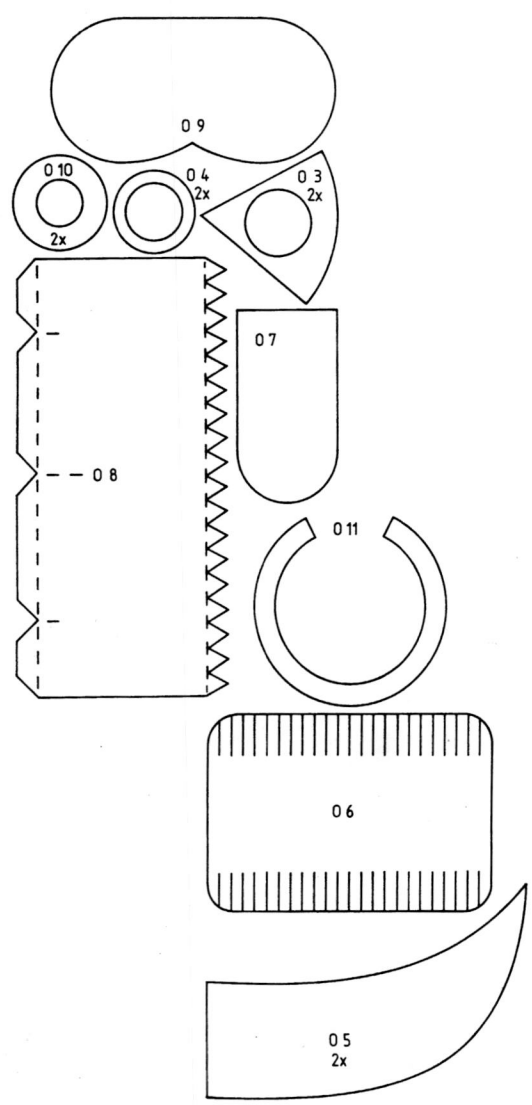

Wilder Stier

Papiermaterial
Tonpapiere: schwarz, hellbraun, dunkelbraun, weiß, rot, gelb

1. Grundform O 1 mit O 2 aus schwarzem Tonpapier anfertigen.

2. Maskenformen O 3 bis O 11 vom Vorlagenbogen auf farbige Tonpapiere übertragen und ausschneiden.

3. Alle Klebelaschen knicken. Hörner O 5 beidseitig auf die Rückseite des Stirnteils O 6 kleben. Stirnränder leicht biegen. Maulform O 9 an die spitzen Klebelaschen von O 8 kleben.

4. Maskenteile in dieser Reihenfolge auf die Grundform O 1 kleben: Augenformen O 3 mit O 4, Stirn O 6 mit Hörnern O 5, Ohren O 7, Maulformen O 8 mit O 9 abschnittweise, Nasenlöcher O 10 mit Nasenring O 11 auf O 9.

Allgemeine Arbeitshinweise auf den Seiten 3 bis 5 beachten.

CHRISTOPHORUS FREIZEIT KREATIV

DAS SIND UNSERE BELIEBTEN UND ERFOLGREICHEN REIHEN:

BASTEL-, SPIEL- & WERKBÜCHER

MALEN WIE DIE MEISTER

KUNSTWERKSTATT SEIDE

HOBBY UND WERKEN

BRUNNEN-REIHE

KOMPAKTKURSE MALEN UND ZEICHNEN

SEIDENMALEREI – SO GEHT'S

AQUARELLMALEREI – SO GEHT'S

KLEINE MALSCHULE

KLEINE ZEICHENSCHULE

EDITION ZWEIGART (KREUZSTICH)

Lernen Sie diese Bücher kennen.
So einfach ist es: Schicken Sie eine Postkarte an den

CHRISTOPHORUS-VERLAG,
Hermann-Herder-Straße 4, 79104 Freiburg
Oder rufen Sie uns an: Telefon 07 61/2 71 72 62
Fax 07 61/2 71 73 52
UNSER KATALOG KOMMT POSTWENDEND.

Die Deutsche Bibliothek –
CIP-Einheitsaufnehme

Spiel & Spaß mit Papiermasken; mit Vorlagen in Originalgröße / Jan Kobler; Wolfram Zimmer. – Freiburg im Breisgau: Christophorus-Verlag, 1994
(Brunnen-Reihe; 55724)
ISBN 3-419-55724-8
NE: Spiel und Spaß mit Papiermasken; GT

© 1994 Christophorus-Verlag GmbH
Freiburg im Breisgau

Redaktion: Elke Fox
Styling und Fotos: Peter Nielsen, Umkirch
Reinzeichnungen:
Jan Kobler und Wolfram Zimmer
Umschlaggestaltung: Michael Wiesinger
Reproduktionen: Scan-Studio Hofmann, Gundelfingen
Herstellung: Freiburger Graphische Betriebe 1994